RÉCIT

DE L'ÉVASION

D'UN OFFICIER

PRIS A QUIBERON.

SE TROUVE CHEZ

LE PRIEUR, Libraire, rue des Noyers, n° 45;
DELAUNAY, Libraire, au Palais-Royal.

Récit de l'Évasion

d'un Officier

pris à Quiberon.

Par Joseph C. M.

Quis, talia fando,
Myrmidonum, Dolopumve, aut duri miles Ulyssei,
Temperet a lacrymis ?

Æneid., Lib. II.

PARIS,

Adrien Egron, Imprimeur
de S. A. R. Msgneur le Duc d'Angoulême,
rue des Noyers, n° 37.

1815.

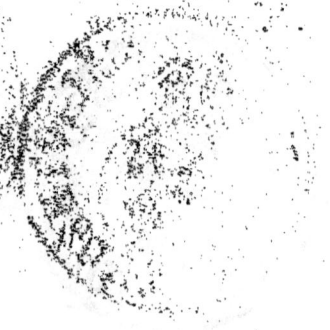

Ce Récit n'a d'autre but que d'honorer
la mémoire de mes infortunés compagnons,
et de rendre hommage à la générosité de
quelques personnes. Il n'est pas besoin de
dire pourquoi nous le publions si tard, bien
que nous l'ayons écrit peu après l'événement. Nous aurions pu le refondre et l'a-
bréger, sans doute; mais n'ayant mis dans
ce simple exposé nulle prétention littéraire,
peut-être avons-nous bien fait de le laisser
tel que l'a produit une impression récente.
Je trouve cependant, après tant d'années,
qu'une telle catastrophe aurait dû m'affec-
ter plus profondément lorsque je l'ai racontée. Les dangers personnels inspirent
une certaine saillie d'insouciance qui ne
permet pas de très-longues émotions. Dans
les jours même où j'écrivais ces lignes, il
m'est arrivé plusieurs fois d'être cherché,
trouvé, poursuivi, tiré et manqué. Je pense

aujourd'hui que c'est parler de soi bien longuement : mais ce plaisir des sots, cette tribulation des honnêtes gens, n'est pas ici du moins sans désintéressement : parmi les faits que je raconte, il n'en est guère qui soient honorables pour moi.

RÉCIT

DE L'ÉVASION

D'UN OFFICIER

PRIS A QUIBERON.

———

Depuis long-temps il était question d'une descente sur les côtes de Bretagne, et cette expédition, qui devait être le terme de notre vie, était l'unique but de nos désirs. Nous prîmes nos états-majors pour des

1

régimens, et des paysans soulevés
pour une armée : nos espérances
enfin étaient déjà pour nous des
succès. Nous étions partis de Stade
au mois de juin : nous apprîmes dans
la traversée les nouvelles les plus
encourageantes, et des vents, plus
perfides que favorables nous ame-
nèrent en peu de jours dans la baie
de Quiberon. Arrivés dans la nuit,
nous étions avant le lever du soleil
sur les ponts de nos vaisseaux. A
peine avions-nous salué par des cris
de joie cette terre désirée, que le
bruit d'une mousqueterie très-vive
nous annonça le commencement
d'un combat. Comme nous avions
reçu l'ordre de ne point débarquer,
nous demeurions consumés d'impa-

tience et d'inquiétude. * Pendant quatre heures, nous écoutâmes l'éloignement et le rapprochement du feu, cherchant à distinguer ce qui se passait avec nos lunettes d'approche. Nous reconnûmes d'abord que les royalistes avaient été repoussés, et nous ne pûmes douter qu'ils n'eussent enfin succombé.

En effet, d'H....., n'écoutant qu'une ambitieuse témérité, et voulant nous condamner au moins un

---

* Je ne puis attribuer cette inaction qu'à l'impossibilité d'approcher de la côte à marée basse ; car notre arrivée eût pu produire une heureuse diversion.

jour à n'être que les témoins de ses succès, avait attaqué l'ennemi, retranché dans une position formidable. La résistance des Républicains leur réussit d'autant mieux que les Chouans, embarqués pour surprendre le retranchement, demeurèrent dans l'inaction. D'H.,... s'était arrêté sous des remparts foudroyans avec un courage inutile ; il se retira enfin après une perte considérable.

Dans cette malheureuse journée, plusieurs actions d'éclat montrèrent aux Républicains qu'ils avaient affaire à de braves gens, mal commandés. Deux volontaires de La Châtre, dont l'un était le frère de la fameuse Charlotte Corday, reçurent la croix de Saint-Louis, honorable récompense dont ils ne devaient jouir, hélas! que pendant bien peu de temps. Ce corps d'armée resta plongé dans la consternation et le découragement, après avoir été exposé à des dangers si infruc-tueux.

La nouvelle produisit le même effet sur l'esprit de nos soldats; comme on avait exalté leurs espérances, on ne put modérer leur abattement; ils furent vaincus dès ce jour. On nous mit à terre le sur-lendemain, et je revis ma patrie comme un fils revoit son père après une injuste malédiction : le ressen-timent n'étouffe point la nature dans son cœur, mais du moins il lui impose silence. Nous avions apporté l'espoir; nous ne trouvâmes que la terreur et la désolation. Les vaisseaux étaient remplis de vivres, et la campagne était couverte de paysans qui en manquaient. Exposés à toute l'ardeur du soleil, ils faisaient cuire de chétifs coquillages avec de l'algue desséchée. Leur impuissante fidélité n'était pour les chefs qu'un embarras de plus.

Je fus à l'heure même au quartier-général, et je trouvai à la cour de M. de P.... ce qu'on trouve trop souvent chez les courtisans; un grand orgueil, fondé sur de petites différences. On y briguait des grades ima-

ginaires ; on s'y disprtait des récom-
penses non méritées encore ; et des
bords même de l'abîme ouvert sous
nos pieds, l'ambition s'élançait vers
la fortune.

Notre perte suivit d'un jour notre
arrivée : un instant la décida. La
presqu'île était défendue, dans sa
partie la plus étroite, par un mauvais
fort situé sur un rocher d'un aspect
effrayant, mais d'un abord facile. Les
ennemis y montèrent par une nuit
sombre, et pendant que la pluie
rendait le roc très-glissant. Ils sur-
prirent la garde, composée en grande
partie de prisonniers, qui aidèrent à
massacrer le reste. P..., devenu pré-
voyant, s'embarqua seul avec son or,

et fut joindre la flotte anglaise *.
L'île était au pouvoir de l'ennemi, et
la garnison dormait encore.

Au premier signal, chacun se lève
à la hâte ; et cette affreuse nouvelle
ne laisse d'autre idée que celle d'une

---

* On parle *encore* de la *trahison* des
Anglais. Ceux qui nous connaissent savent
que, *dans tous les temps*, nous avons repoussé ce reproche non moins injuste qu'o-
dieux. Ce zèle était sans intérêt. Nous n'a-
vons reçu ni ne voulons recevoir ce qui
nous est dû pour nos faibles services. Ce
qu'il y a de vrai, c'est que les Anglais ont
fait en cette occasion des pertes immenses.
Que de royalistes sont, à toute heure et
sans le savoir, les porte-voix ou les instru-
mens des ennemis de la royauté !

mort inévitable : elle devait du moins
être glorieuse. Mais que pouvaient
des troupes éparses, abandonnées
par leur chef, sans plan de défense,
sans point de ralliement, et presque
sans munitions ! On croyait l'ennemi
fort de vingt-cinq mille hommes, et
la marée basse rendait l'embarque-
ment, c'est-à-dire la retraite, impossible. A peine eûmes-nous pris les
armes, qu'une foule de paysans et de
femmes vinrent se précipiter dans
nos rangs. J'avais un poste sur la
côte, mais point de poudre pour mes
deux pièces de canon. Comme l'ennemi, qui se trouvait déjà fort en
avant de cette batterie, pouvait s'en
servir contre la flotte et contre nous-
mêmes, j'y fus avec quatre hommes

seulement, et j'eus le temps d'en-
clouer les canons.

Cependant j'éprouvais une vive
douleur, en voyant exposés, sans
armes, des hommes que depuis deux
mois j'entretenais du bonheur et
des succès qui nous attendaient en
France. Ils restaient pourtant à leur
poste, c'est-à-dire le plus près de
l'ennemi, sans que le moindre mur-
mure leur échappât. En vain Sombreuil fit tout ce que l'on devait attendre d'un si valeureux chef; il ne
put réussir à rassembler les troupes
qui restaient dans l'île, ni à ramener
contre nos adversaires le petit nombre qui se trouvait autour de lui. A
chaque instant, les prisonniers en-

gagés dans les cadres faisaient feu sur
leurs officiers et passaient à l'ennemi.
Le temps était affreux, et l'on ne
pouvait faire aucune manœuvre sur
un terrain coupé partout de fossés
ou de murailles basses. Toutefois,
ceux de nos soldats qui avaient des
cartouches, se plaçaient derrière ces
murs, et ne laissaient pas de nuire
beaucoup aux Républicains. Nous
fîmes ainsi près d'une lieue, cédant
au nombre et surtout à la fatalité des
circonstances : déjà nous n'étions plus
que des victimes.

Enfin, sans avoir cessé de montrer
notre front à l'ennemi, nous arrivâmes dans une espèce de retranchement (si l'on peut appeler ainsi une

enceinte sans parapet ni fossé) : il
n'y pouvait tenir que la dixième partie de ce qui nous restait. Mais tandis que nous y entrions, et que de
tous côtés on nous criait de nous
rendre, Sombreuil fit demander à
capituler. S'il avait continué de se
défendre, il aurait vu massacrer à
ses yeux une foule nombreuse et dé-
sarmée qui se trouvait entre nous et
l'ennemi ; cette idée seule avait dirigé
sa résolution.

Pour moi, bien sûr qu'un traité
fait avec le crime serait scellé par la
perfidie, j'emmenai deux cadets de
ma compagnie, et nous tentâmes de
nous embarquer. L'un d'eux était un
ancien capitaine que, malgré mille

qualités, sa mauvaise fortune avait contraint de s'attacher à moi. La côte, hérissée d'écueils, était inabordable à marée basse, nous l'avons dit. Ne sachant pas nager, et obligés d'entrer dans l'eau jusqu'à la poitrine, nous eûmes des peines infinies à gagner une pointe de rocher très-avancée dans la mer, et sur laquelle un groupe nombreux attendait une barque ou la mort. Les roches voisines étaient aussi couvertes de fugitifs : des cris de désespoir se faisaient entendre de tous côtés. La mer, constamment orageuse, était couverte de dépouilles, d'armemens, de débris ; et les vagues jetaient sur le rivage les corps de ceux qui périssaient. Le bruit du canon des Républicains, qui tiraient

*

sur nous, joint au bruit du tonnerre, ajoutait encore à cette scène d'horreur. Des malheureux, en se disputant le sommet des écueils, s'entreprécipitaient dans les eaux. Des femmes, s'avançant du côté des vaisseaux, élevaient leurs enfans dans leurs bras; elles imploraient en vain tous ceux qui les entouraient : la terreur avait étouffé la pitié. Un soldat, en s'élançant sur la roche qui nous portait, saisit les vêtemens d'une femme qui était près de nous, et tous les deux s'abîmèrent à nos pieds.

L'autre partie de l'île offrait un spectacle bien différent. Une barque, surchargée de royalistes, allait s'éloi-

gner : un officier * accourt, il s'é-
crie; il apporte, dans ses bras, son
frère qui, blessé grièvement, ne
pouvait plus se soutenir. Dès qu'il a
remis à ses compagnons un dépôt si
cher, la voix de l'honneur le rappelle, il retourne sur cette rive désolée, où, dans peu de jours il devait
recevoir la mort **.

Nous étions dans l'eau jusqu'à la
ceinture, et nous nous tenions em-

---

* Charles de Lamoignon.

** Nous dirions que ce bel exemple de
piété fraternelle n'a point été assez honoré,
si le monarque lui-même n'en avait récem-
ment consacré le souvenir par les paroles
les plus touchantes.

brassés tous les trois, tant pour nous
prêter un mutuel appui, que pour
subir le même sort. Dès que je vis
paraître une chaloupe, j'étendis ma
main pleine d'or, et je m'écriai :
Matelots, nous sommes officiers anglais : cinquante louis à gagner! Trois
fois mes cris les attirèrent, et trois
fois une foule imprudente se préci-
pita dans la mer pour atteindre cette
barque encore trop éloignée. Les matelots, craignant que les efforts et le
poids de tant d'hommes ne fissent
chavirer leur nacelle, fuyaient à force
de rames, sans pouvoir sauver personne. Tout périssait par la crainte
de la mort.

Je sentis combien les avantages

personnels, quels qu'ils soient, sont
au-dessus des avantages de la fortune. Je voyais des paysans se sauver
à la nage, et moi j'allais être enseveli
avec mon or. Jusque-là, les Anglais
avaient tout fait pour nous secourir;
mais, dans ce moment, des canons
chargés à mitraille rendaient l'abor-
dage impossible. Restés seuls sur notre rocher, la mer, qui s'élevait de
plus en plus, allait nous séparer pour
jamais de la terre et des vivans, lorsqu'un officier républicain, faisant
cesser le feu, nous cria : « Venez !
pourquoi voulez-vous mourir? Nous
oublions tout; nous ne voyons plus
en vous que des Français. » Je m'ef-
forçai donc de gagner le rivage avec
mes compagnons, et ce ne fut pas

2

sans beaucoup de peines. « Je me
rends à vous, » dis-je à l'officier en
lui remettant mon épée. Au même
instant je glissai ma bourse dans la
coiffe de mon chapeau, et fus en cela
très-mal avisé.

On avait déjà fait avancer les prisonniers. Les premiers que nous ren-
contrâmes nous racontèrent ce qui
s'était passé depuis notre séparation.
Pendant que Sombreuil parlait aux
généraux, on criait de tous côtés à
mes camarades : « Rendez-vous ! les
jours de sang et de vengeance sont
passés : nous en détestons le souvenir ; et tout Français nous semble un
frère. » Sombreuil convint que tout
ce qui était dans la presqu'île aurait

la vie sauve et serait traité comme prisonnier de guerre; mais il s'excepta formellement de la capitulation, avec cette fierté qui est la plus belle attitude du malheur. Comme on exigeait qu'il fît cesser le feu *, il s'avança sur son cheval jusqu'en pleine mer, pour être entendu des Anglais. Un officier se mit à la nage, et poussa jusqu'à la frégate la plus voisine, dans le même dessein; mais croyant sa foi engagée par la capitulation, il revint se mettre au pouvoir de nos ennemis.

---

* Quand il n'y aurait pas d'autres preuves, une pareille démarche ne suppose-t-elle pas une capitulation?

Jusqu'à ce moment on avait traité les prisonniers avec douceur. Après le récit, trop véritable, des malheurs de la France, une telle modération devait nous surprendre. Le détachement qui me conduisait fit le tour de l'île, et nous vîmes la flotte s'éloigner des côtes. Quelques soldats voulurent m'arracher mon chapeau, sans soupçonner quel en était le prix : moi qui le savais, je me défendis avec obstination ; mais lorsque nous fûmes arrivés devant le fort, comme l'argent est toujours bon à quelque chose, je mis environ cinquante louis dans mes souliers, et je distribuai le reste dans toutes mes poches, pour satisfaire l'avidité de nos vainqueurs. Nous nous reposions un moment ;

couchés sur le sable, et gardés comme de vils troupeaux. Sombreuil vint à passer au milieu de nous, et voyant dans cet état, un corps d'armée, qui, la veille, était si brillant, il ne put retenir ses larmes.

Nous marchâmes tout le jour, par un fort mauvais temps et des chemins affreux. J'avais les pieds chaussés à nu, et les pièces d'or qui étaient dans mes souliers ne laissaient pas de me gêner beaucoup.

Les troupes étaient excédées : la colonne, qui était fort longue, vint à se rompre, et suivit différens chemins. Ainsi, vers les dix heures du soir, nous nous trouvâmes tous les

trois isolés, et n'entendant même
plus aucun bruit. « Voici l'instant
de nous sauver, dis-je à mes camarades; en mourant plus tard, nous
pourrons du moins mourir avec honneur. Enfonçons-nous dans le bois;
nous y passerons deux heures pour
reprendre des forces, et dès que
toute l'armée aura défilé, nous ga-
gnerons l'intérieur du pays. » —
« Sauvez-vous, mon cher capitaine, puisque vous en avez la force,
me dirent-ils; nous ne voulons que
nous reposer et mourir : nous sommes accablés de fatigue. » Ils se
croyaient fort près de la ville d'Auray, où nous devions nous arrêter,
et les plus vives instances ne purent
les décider. Ils ajoutèrent qu'ayant

une longue route à faire, nous trou-
verions sûrement d'autres occasions
de nous évader. Je restai près d'eux,
plus par condescendance que par
conviction, et nous n'arrivâmes à
Auray, qu'après deux heures de
marche.

Mes compagnons, ne trouvant
aucun asile, se couchèrent dans la
rue, sur le pavé, sans avoir pris
aucun aliment depuis la veille. Je
hasardai d'entrer dans quelques mai-
sons; je dis que j'étais soldat républicain, et malgré la disette où l'on
était, je me fis ainsi donner des vivres, que nous partageâmes. En al-
lant à la découverte une seconde
fois, j'abordai un officier qui faisait

la ronde, et après un moment d'entretien, il me proposa de passer la
nuit chez lui, au lieu de coucher
dehors. J'y consentis, à condition
d'y mener aussi mes deux camarades. Cet officier se trouvait être le
commandant de la place; il nous fit
voir un intérêt qui, selon ce que
j'ai pensé dans la suite, aurait pu
amener quelque chose de moins sté-
rile que ses lamentations sur notre
sort; car, malgré ce que nous lui
dîmes de la capitulation, il ne nous
cacha point qu'il nous croyait perdus. Alors, un de ces petits ours,
bouffis d'amour-propre, hérissés de
mathématiques, d'impolitesse et de
sophismes, me demanda pourquoi
nous avions porté les armes contre

notre pays? « Le pays où nous sommes ne voit en nous que des amis :
c'est vous qui l'opprimez. Quand
nous avons abordé cette terre, le
fantôme de la patrie ne s'est point
levé pour nous dire : « Arrêtez! vous
allez déchirer mon sein! » Le commandant blâmait aussi notre con-
duite; mais, malgré sa modération,
je l'interrompis, en remarquant que
s'il était temps de nous donner des
larmes, il n'était plus temps de nous
donner des avis. Je l'engageai à faire
conduire chez lui une vingtaine de
malheureux qui restaient dans la
rue. Il y consentit sans peine; et
non moins poli qu'humain, il passa
la nuit à les entretenir.

Le lendemain, à onze heures, on
nous mena tous dans la prison des-
tinée aux officiers. Lorsque j'enten-
dis les terribles verroux se fermer
sur moi, je dis adieu au monde et
à l'espérance. De moment en moment, je me demandai si ce n'était
point un songe, et je ne pouvais
croire à mon malheur.

Quand on n'a pas le courage de
s'affranchir de ses maux, il faut du
moins les supporter de bonne grâce.
En souhaitant d'éviter la mort, je
m'élevai sans peine au-dessus des
terreurs qu'elle inspire : cette liberté
d'esprit me fit des amis parmi ceux
que le désœuvrement ou la pitié
rapprochèrent de nous. Pendant les

premiers jours, on mit en réquisi-
tion les dames de la ville pour nous
soigner. Elles nous regardaient comme des martyrs ; elles s'acquittèrent
de leur tâche avec tout le zèle de la
religion, toute la tendresse de l'humanité.

Je ne dirai pas si ce fut le hasard
qui me fit connaître plus particuliè-
rement Elise, ou si ce furent sa can-
deur, sa modestie et l'empreinte de
la bonté, qui m'attirèrent auprès
d'elle. Un de mes compagnons, volontaire dans mon régiment, me
parut éprouver un sentiment plus
tendre. Comme ces roses champê-
tres qui s'épanouissent au milieu des
rochers et des précipices, l'amour

naît souvent au sein des inquiétudes
et des dangers. La galanterie des officiers français survivait à leur liberté, à l'espoir même de la vie. Après
cela, je dois dire que je n'ai pas la
misérable prétention de me faire ici
le héros d'une aventure galante. Ma
reconnaissance, ni les bienfaits qui
l'attirèrent, ne furent souillés par aucune affection moins désintéressée.

Au bout de quelques jours, soit
crainte des complots avec nos par-
tisans, soit parce que des soins si
soutenus rendaient notre prison trop
douce, elle fut fermée pour tous ceux
qui n'avaient pas de permissions par-
ticulières. Un jeune officier, que j'ap-
pellerai St.-Alme, et qui était de Li-

bourne, venait cependant me voir presque tous les jours, et menait avec lui plusieurs de ses camarades, qui semblaient prendre quelqu'intérêt à mon sort. La politesse est une monnaie qui n'a aucune valeur pour celui qui la donne, et qui en a souvent beaucoup pour celui qui la reçoit : j'en fis l'épreuve en cette occasion. La douceur de St.-Alme l'avait fait aimer de tout son bataillon * : nous nous liâmes, sans songer que la mort ne me laisserait pas le temps de cultiver notre amitié.

En effet, on commença bientôt à

---

* C'était un de ceux de la Gironde. Je dois louer la discrétion et la générosité de quelques autres officiers du même corps.

désespérer de notre salut. Tallien,
en partant pour Paris, avait ordonné
de nous juger selon les lois ; mais
parmi nous , il en était peu qui con-
nussent cette disposition , ou qui ne
s'attendissent à un contre - ordre.
Comme nous étions cinq mille *,
et que l'on craignait le désespoir où
pouvait nous jeter la perfidie dont
nous étions victimes, de fausses nouvelles, répandues avec art, entrete-
naient notre folle crédulité. Plusieurs
d'entre nous poussèrent l'aveugle-
ment au point de ne voir dans notre
capitulation, que la première clause

---

* Emigrés, soldats ou paysans soulevés :
je n'ai pas sur leur nombre des données
bien certaines.

d'une paix secrète avec l'Angleterre.
Hélas ! nous avions le pied dans la
tombe , et nous embrassions encore
l'espérance !

A peine nous donnait-on du pain,
et nous étions quarante dans chaque
chambre , sans paille pour nous coucher ; encore cette maison était-elle
une place de prédilection , réservée
pour les officiers et pour les habitans d'Auray. Comme c'était aussi la
prison militaire , il y avait une vingtaine de soldats. Au milieu de la
nuit, ils ne manquaient pas de chan-
ter l'hymne des Marseillais , et quand
ils arrivaient à ce vers :

Qu'un sang impur abreuve nos sillons!

ils donnaient un grand éclat de voix, et nous étions tous éveillés en sursaut par cette obligeante sérénade. Les soldats et les Chouans étaient entassés dans des églises dépavées, dans des enceintes découvertes, où ils souffraient toutes les humiliations et toutes les douleurs.

Le brave La Villéon, Rouhaut, et quelques officiers, cherchèrent en vain à lier un complot pour forcer notre garde, et pour aller ouvrir les autres prisons. Nous étions sur le point de tenter seuls cette honorable évasion, lorsque les précautions redoublèrent tellement, que la tentative même devint impossible.

Sombreuil était dans une maison particulière, sous la garde du seul St.-Alme. Les regrets de l'amour malheureux ajoutaient encore à l'horreur de sa position. Il était à la veille d'épouser une jeune personne qu'il aimait avec passion, lorsqu'il reçut l'ordre de partir à l'instant pour s'embarquer. Cent fois, dans cette guerre malheureuse, il avait bravé la mort; mais alors il regrettait amèrement le bonheur dont elle allait le priver. L'issue désastreuse de nos entreprises, et la douleur de voir enfreindre la capitulation, lui inspirèrent le dessein d'attenter à ses jours avant un supplice trop tardif à ses yeux. Il saisit un des pistolets de St.-Alme :

il tire ; mais il n'y avait que de la poudre dans le pistolet , et M. de Sombreuil se fit seulement une légère blessure au front. On le remit en prison à l'instant , comme s'il eût manqué à sa parole. Par son ordre, j'écrivis à la Convention Nationale, pour réclamer l'exécution du traité conclu entre lui et le général Hoche. Nous cherchâmes à pallier notre aggression. Il n'avait en vue que le salut de ses compagnons ; il ne songeait point à conserver sa vie. Généreux et fier, il aimait mieux rompre sous les efforts de l'orage comme le chêne, que de céder au moindre souffle comme le roseau. D'ailleurs il savait bien que ses assassins n'at-

tendraient pas la réponse de la Convention ; et les réponses de la Convention n'étaient-elles pas toujours
des arrêts de mort? La lettre ne fut
signée que de moi *.

Des le lendemain, Sombreuil fut
jugé par une commission militaire,
avec seize autres personnes. Le malheureux évêque de Dol était de ce
nombre. Ils furent condamnés, et
bientôt on les chargea de fers pour
les conduire à Vannes. Les chefs
moururent en martyrs, et Sombreuil en héros. Il n'avait pas voulu

---

* On m'a dit qu'une main généreuse
l'avait dérobée au député qui la reçut.

souffrir qu'on lui bandât les yeux à l'instant du supplice : il dit, en abaissant l'un de ses genoux : « j'incline celui-ci devant Dieu, et je tends l'autre devant mon ennemi. » O souvenir déchirant pour ceux qui ont osé lui survivre ! Ainsi périt cet illustre infortuné, à l'aurore de sa vie, de sa gloire et de ses amours.

Quoiqu'un tel événement semblât ne nous plus laisser d'autre parti que la résignation ou le désespoir, je me demandai si je voulais vivre ou mourir, et je crus devoir disputer mon existence à mes ennemis, jusqu'au dernier moment. Ce qui coûte le plus dans les choses difficiles ; ce

n'est pas de les exécuter ; c'est de
s'y résoudre. La ruse était le seul
moyen qui me restât. J'inventai une
fable pour motiver notre expédition, et j'en fis part à St.-Alme. Le
président de la commission militaire
était ce même commandant de la
place, qui m'avait donné asile pendant la nuit de mon arrivée : St.-
Alme le consulta sur la validité
des moyens de défense que je
comptais employer, et il me fit dire
d'en chercher d'autres. Divers expédiens me furent proposés ; je ne
les adoptai point. On n'a rien pour
rien dans ce monde, et s'il faut
acheter la gloire par le danger, la
honte est bien souvent le prix de

notre sûreté. D'ailleurs , je me trouvais dans cette vie comme un voya-
geur dans une mauvaise auberge. Le
danger devenait pressant. Chaque
jour on emmenait vingt ou trente
de mes camarades, qui étaient jugés
et exécutés dans vingt-quatre heures. Je ne dus qu'au hasard de n'être
pas du nombre des prémiers.

Il est un temps où l'on développe
tonte son énergie , où l'on s'efforce
d'être bon , d'être heureux : mais
enfin, rebuté de peines inutiles, on
s'abandonne aux flots tumultueux
de la vie , on laisse échapper le gou-
vernail. On n'est plus ému de crainte
aux éclats de la tempête , ni de joie

aux rayons d'un jour serein. On sait
qu'il n'est point de port , mais seulement des abîmes inévitables. Je le
crois , nous verrons briller l'aurore
d'une éternelle clarté. Mais un instant plus tôt, un instant plus tard ,
voilà toute la différence que le sort a
mise dans nos destinées, sur la terre.
O mort ! m'écriais-je chaque matin , suis-je une des victimes que tu
prendras aujourd'hui ! Pensant être
conduit au supplice d'un moment à
l'autre , je fis une manière de testament qui n'était que le don de mes
dessins et un adieu à mes amis. Je
joignis à cette lettre mes cheveux,
ma montre, ma bourse, et je remis
le tout au commissaire des prisons
qui passait, à juste titre, pour un

homme rempli de probité *. Alors
je me sentis calme, résigné à la mort,
et quoique je fusse loin d'être sans
reproche , j'implorai Dieu avec une
âme exempte de terreurs. « Après
tout , qu'est-ce que la vie? me di-
sais-je : une pente qui mène à la
mort. »

On découvrait par les lucarnes du
grenier une campagne riche et va-
riée. Près d'abandonner le monde ,
je voulus le contempler une fois encore. Je me sentis ému, en voyant
pour la dernière fois ces eaux et cette

---

* Il s'appelait Du Feignat, et mérite bien
quelque souvenir.

riante verdure ; mais si la mort eût
tranché , dans cet instant, la trame
de mes jours, un seul fil eût résisté ;
et ce fil est un lien que mon cœur
ne rompra jamais. Quelques jours
plus tôt, j'avais demandé des livres à
Elise : elle m'apporta des prières
pour se préparer à mourir. Me re-
gardant d'un œil ferme , dont elle
venait d'essuyer les pleurs. — Chacun de ces instans, peut être le dernier des vôtres, me dit-elle. Songez
à Dieu , à vos amis , et mourez en
soldat : vous serez récompensé dans
le ciel , et vengé sur la terre ! — Ces
paroles qu'elle prononça d'un ton
solennel , laissèrent dans mon âme
une impression longue et profonde.
Je lus pendant quelque temps un li-

vre, qui peut-être parlait trop souvent des supplices de l'enfer. Je re-
tournai ensuite à ma lucarne, ai-
mant mieux m'entretenir de la justice de Dieu avec la nature, qu'avec
les hommes ; car la nature me montrait cette justice, avec sa clémence,
et les hommes, avec leur rigueur.

Cependant la famille du jeune
Talouet, dont le père avait été tué
quelques jours auparavant, fut im-
plorer pour lui le représentant Blad.
Il allégua la loi qui devait être sans
exception ; mais enfin il se laissa
toucher par les pleurs d'une mère
désolée, et il ordonna un sursis à la
condamnation des plus jeunes d'entre nous. D'après un autre ordre,

on sépara ceux qui étaient dans notre prison en deux troupes, dont
l'une devait partir pour Vannes, et
l'autre pour Quiberon. Imaginant
avec raison, qu'il me serait plus
avantageux de rester dans une ville
où j'avais des amis, et où il ne se
trouverait que peu de personnes à
juger, je dis aux officiers qui com-
mandaient l'escorte de Vannes, que
j'allais à Quiberon, et à ceux de
Quiberon, que j'allais à Vannes. Au
moment où l'on fit la visite, je ca-
chai dans le grenier l'un de mes
compagnons, j'engageai l'autre à
dire qu'il avait un nerf foulé, et
grâces à une certaine prédilection du
geôlier, nous restâmes tous les trois
à Auray.

— Ce jour même, on envoya des autres prisons dans la nôtre, une trentaine d'émigrés qui venaient d'être reconnus pour tels. Des officiers républicains, qui avaient pris quelque intérêt à mon sort, vinrent me voir, et me conseillèrent de me justifier de mon émigration sur mon extrême jeunesse, et sur la volonté de mes parens. La coquette la plus intrépide n'aurait osé se dérober autant d'années qu'il le fallait alors. J'étais donc dans un grand embarras, parce que ne sachant pas bien précisément à quel âge on pouvait échapper à la loi, je craignais en diminuant trop le mien, de perdre du côté de la vraisemblance ce que j'aurais voulu gagner du côté de la

sûreté. Je me décidai pourtant, et
après avoir pris pour la conservation de ma vie tous les soins que l'on
prend pour plaire, après avoir bien
consulté tous les yeux et mon mi-
roir, dix-huit ans fut l'âge auquel
je m'arrêtai : j'arrangeai en consé-
quence toutes les époques de ma
vie, et préparai des réponses à tout
ce qu'on pourrait me demander.

Le matin du jour où je devais être
jugé, le commissaire des prisons
voulut me parler en particulier, et
me dit qu'il venait d'assister à plusieurs interrogatoires, afin de pouvoir me donner des avis sur ce que
je devais répondre. Il est affreux
d'être né méfiant; mais il est par-

donnable de l'être devenu. Quoique
je n'eusse connu ce commissaire que
sous des rapports avantageux, je
ne crus point devoir m'ouvrir à
lui. — Je n'ai pas besoin de me préparer, lui dis-je : c'est la vérité que
je veux dire. La crainte de la mort
ne me la fera point taire, et j'espère
qu'elle ne me la fera point oublier.
— Malgré ma fierté, il me traça une
manière de roman, et comme j'en
avais imaginé un beaucoup meilleur,
je refusai d'adopter le sien.

A dix heures, un gendarme vint
me chercher, ainsi que mes deux
compagnons. Je comparus devant
un tribunal, composé de six ou sept
militaires, placés sur une espèce

d'amphithéâtre. Je m'assis sur un fauteuil, entre eux et une foule nombreuse. Je n'ai pas besoin de dire combien l'orgueil est puissant encore à ces derniers momens : après avoir oublié de bien vivre, on veut du moins bien mourir. Je pris un air tranquille, un ton assuré, et je levai les yeux sur mes juges, qui, à l'équité près, ressemblaient assez aux juges des enfers *. Leurs questions étaient pressantes ; mes réponses fu-

---

* Personne cependant, après avoir lu ce qui suit, ne regardera le président comme un méchant homme ; surtout en se rappelant l'époque de ces événemens. La première commission avait été cassée pour n'avoir voulu condamner que les chefs.

rent courtes et claires. Quand ils me
demandèrent mon âge, je le dis,
sans avoir l'air de croire que cette
circonstance pût me sauver. Ils me
renvoyèrent bientôt, sans me laisser
pressentir leur décision. Passac, le
plus âgé des cadets qui m'avaient
suivi, s'attendait à la mort, et la mé-
prisait autant que la vie. Ce respectable militaire ne chercha point à
détourner le coup dont il était me-
nacé. L'autre, qui avait six ans de
moins que moi, eut à peine besoin
d'effleurer le mensonge.

On nous conduisit dans une petite
chapelle que les soldats nommaient
l'*Anti-chambre de la Mort*. Nous
nous y trouvâmes bientôt quarante

:personnes, tant officiers que soldats, Chouans ou domestiques. Je parlai à ces derniers, et je m'attendris sur les maux que leur fidélité pour nous leur avait attirés. L'un d'eux, domestique de M. de Senneville, me dit : « Nous sommes fiers de mourir pour une si belle cause ! » Tous les autres témoignèrent aussi des sentimens que j'eusse trouvés au-dessus de leur état, si je n'eusse pensé qu'il n'est point d'état au-dessous de l'honneur.

La plupart des soldats se firent apporter du vin et se préparèrent à la mort par l'ivresse, avec une gaîté sinistre. Je remarquai parmi eux un petit hussard hongrois qui avait été

chef de Chouans, et qui, destiné
à vivre, en sa qualité d'étranger,
comptait son argent avec une joie
assez franche. Quand on lui demanda son écot : « Payez pour moi,
dit-il aux autres, et je prierai pour
vous : car vous n'avez pas besoin
d'argent pour mourir, et moi j'en ai
besoin pour vivre. »

Elise et son amie vinrent nous
voir deux fois dans ce lieu de douleurs. Elles sentaient que nous avions
besoin de courage, et nous en mon-
traient plus que de sensibilité. Ces
vertueuses demoiselles, qui, comme
je l'ai su dans la suite, passaient toutes les nuits à pleurer sur cette san-
glante catastrophe, nous abordaient

toujours avec un air serein, de peur
que nous ne vissions notre arrêt dans
leur tristesse, et que notre fermeté
n'en fût ébranlée.

Comme on venait d'ouvrir la porte
de l'église pour nous donner de l'air,
je m'avançai sur le seuil : j'y reçus la
visite de trois ou quatre de mes canonniers qui avaient, ainsi que les
autres soldats, la liberté de se pro-
mener sur la place. Mon cœur se
serra d'une tristesse nouvelle en re-
voyant ces malheureux destinés au
supplice; et que j'y avais pour ainsi
dire entraînés. Ils versèrent, cependant, des larmes sur mon sort. L'un
d'eux m'avait sauvé quand je n'étais
que son sergent. J'étais blessé, et

j'allais tomber entre les mains des
Républicains, lorsqu'il me donna un
cheval qu'il montait. Voyant que je
ne pouvais plus me soutenir, il s'ar-
rêta, au péril de sa vie, pour atteler
ce cheval à un chariot, et fit ainsi
cinq lieues devant l'ennemi, toujours près de nous joindre. Ce brave
homme, que j'avais avancé depuis
que j'étais capitaine, et que ma reconnaissance avait conduit plus sûrement à la mort, semblait affligé de
ne pouvoir encore m'y soustraire.

Un spectacle plus douloureux
m'attendait dans une chapelle basse,
de l'autre côté de l'autel. Les émigrés, qui étaient presque tous officiers de marine, s'y étaient retirés

pour prier : le hasard avait réuni dans cet affreux moment des personnes douées d'une rare piété. Un jeune chevalier de Malte attira surtout mon attention par ses sanglots ; son visage pâle et flétri par la douleur, ses longs regards, que l'amour de Dieu élevait vers le ciel, et que la pénitence ramenait vers la terre ; ses discours, où régnait avec le ton passionné de l'adolescence, l'austérité de la vieillesse, tout rappelait en lui ces premiers martyrs, que leur piété conduisait à l'héroïsme et consacrait à la vénération des siècles. Un autre était auprès de lui, dont l'air paraissait aussi religieux et plus composé. Le jeune chevalier, à qui tous ses compagnons avaient dit qu'il se sau-

verait en accusant une ou deux années de moins, avait consulté celui-
ci. « La vie est-elle d'un prix égal au
prix de la vérité ? » lui avait-il dit.
— « Il vaut mieux mourir que de
vivre par un mensonge ! » avait ré-
pondu l'ancien officier; et cette réponse était un arrêt de mort.

Je versai des larmes sur cette vic-
time d'une vertu dont mon âme était
bien loin. La terreur d'une fin prochaine n'était point la cause de sa
douleur; il déplorait les erreurs d'une
vie, sans doute bien innocente; et
moi, j'avais à peine des remords !
J'étais pourtant touché de cet exemple; et le respect que la vertu nous
inspire est souvent le premier pas

qui nous y conduit. Mais, sans être
irréligieux, je n'avais jamais été dé-
vot, et je crus que ni Dieu, ni les
hommes, ne me sauraient aucun gré
d'un retour qui ne pouvait plus être
signalé par aucune bonne action. Je
l'ajournai donc, ce retour, et je fis
seulement le vœu de vivre en hon-
nête homme, si je vivais.

Plus occupé de mon salut que moi-
même, l'officier de garde, voyant
mon air tranquille, me tire en particulier vers le soir, et me dit : « Vous
n'êtes pas un enfant; ainsi je ne dois
pas vous cacher que tout ce qui entre
ici.,.. cela est fâcheux, mais.... c'est
la loi ! »

Comme on proposait à mes com-

pagnons de leur donner de la paille
pour se reposer, ils préférèrent de
coucher sur la terre humide, et d'a-
voir de la lumière pour prier. Un de
nous ayant parlé de prendre quelque nourriture : « Occupons-nous de
nos âmes, » répondit, d'une voix
imposante, l'ami du jeune chevalier
de Malte ; et il se mit à réciter un of-
fice des morts, qui fut écouté avec
ferveur.

Tous les autres étaient prosternés,
et se frappaient la poitrine avec force.
Ils disaient d'une voix sombre les ré-
pliques de ces prières que les voûtes
de l'église répétaient d'un ton plus
lugubre encore. Si nous demeurions
en silence, il semblait que l'oreille

eût entendu les derniers accens, et
se fermât pour jamais : chaque soir
qui nous tirait d'un douloureux as-
soupissement, nous disait que c'était
bien encore la mort , mais qu'il nous
restait à l'endurer. Une lueur pâle et
incertaine ne se ranimait quelquefois, que pour nous laisser apercevoir
notre tombeau , et la pieuse agonie
de nos compagnons.

Mais mon âme n'était point appelée
à recevoir la récompense d'une si
touchante résignation. Soit mépris
de la mort , soit un lâche espoir de
la vie , je m'endurcis contre ce spectacle ; ou plutôt je ne versai d'autres
larmes que celles de la pitié.

Une seule fois, cependant, je priai.

Rien n'est plus salutaire à l'âme que
la prière, cet entretien avec Dieu,
qui voit tout, et devant lequel il
nous faut rougir de fautes ignorées
des hommes, de pensées criminelles,
à qui la possibilité seule a manqué
pour devenir des crimes.

Après la messe des morts et les
autres offices convenables en cette
circonstance, l'ami du chevalier de
Malte, toujours à genoux, parla d'effusion de cœur, pour nous disposer
à une fin prochaine. Après lui, son
domestique prit la parole, et déploya
une éloquence dont nous fûmes aussi
touchés que surpris. Son esprit était
nourri des livres saints, et les approches du supplice semblaient enflam-

mer son enthousiasme. L'un et l'autre nous supplièrent de pardonner à nos assassins : une grande partie de la nuit fut employée à prier Dieu qu'il leur pardonnât de même. Que la religion me parut sublime alors, et combien je déplorai que sa lumière n'eût point éclairé mon âme ! Dans cet instant cruel, où tous les efforts de la philosophie ne pouvaient donner qu'une froide tranquillité, cette religion douce commandait, inspirait encore l'amour et l'oubli des offenses.

Enfin le jour parut, et avec lui le gendarme qui devait nous conduire à la mort. Il tenait la liste des condamnés, et nomma mes infortunés

compagnons, que l'on attachait deux
à deux, à mesure qu'il parlait. Ces
hommes qui, un instant auparavant,
pleuraient avec amertume sur leurs
fautes, prirent un air calme et serein pour marcher au plus affreux
supplice ! Qui pourra le croire ? Je
les ai vus, quittant leurs habits pour
les donner aux soldats, avant qu'ils
fussent souillés de leur sang et percés
de coups. Passac fut nommé le dernier, et nous restions, le jeune
volontaire et moi. Passac ôta un
mouchoir qu'il portait à son cou,
et me le donna, en disant : « Je n'ai
plus autre chose : gardez ce mouchoir, mon cher capitaine ; qu'il
vous rappelle mon amitié !.... »
Grand Dieu, comment le témoin de

tant de vertus a-t-il pu ne les point imiter ! Sa fermeté ne se démentit point, mais en l'embrassant je sentis déjà sur ses joues les glaces de la mort.

Ils partaient, et nous restions éperdus, lorsque ***, * qui était venu compter leurs derniers soupirs, crie : Halte ! fait ouvrir les verroux, et venant à moi d'un air impérieux : « Pourquoi ne marchez-vous pas? » me dit-il. — « Parce que ce n'est pas vous qui m'avez jugé. » — « Mais vous avez porté

---

* Membre de l'autre commission militaire ; car il y en avait deux à la fois, pour aller plus vite.

les armes contre nous ? » — « Vous
n'entendez pas une voix qui vous
crie : Si vous ne pardonnez rien, il
ne vous sera rien pardonné ! » —
« Quel est votre âge ? » — « Dix-
huit ans. » — « Est-ce bien vrai ? »
reprit - il, avec un coup d'œil qui
semblait aller chercher la vérité jus-
que dans le fond de mon cœur. —
« Vous n'avez pas le droit de m'in-
terroger, et je ne répondrai plus. »
— « C'est ce que nous verrons, »
et il fit sortir nos compagnons, en
nous enfermant seuls dans cette prison déserte. Dieu , qui sonde les
cœurs , a seul le droit de juger et
de punir ceux qui jugent les autres
hommes; mais un pareil juge était
un assassin.

Au bout de quelques heures , on
vint nous chercher, pour nous mener
dans la cathédrale. L'intérieur de ce
vaste bâtiment, qui avait été dé-
gradé pour la fouille du salpêtre,
n'offrait plus qu'une hideuse ruine,
couverte des dépouilles de ceux que
chaque jour on avait envoyés au
supplice. Il y restait encore quelques
malades couchés sur les autels avec
un peu de paille, et d'autres qui,
se traînant péniblement au milieu
de ces décombres, semblaient autant de spectres sortis des tombes
violées.

Cependant l'espoir de la vie luisit
pour nous dans ces demeures de la
mort, et nous fîmes dire à nos pro-

tectrices que nous existions encore.
*** vint me trouver, et cet homme,
qui, deux heures auparavant, vou-
lait me sacrifier, me fit alors des of-
fres de services,* et cherchant à pro-
voquer ma confiance, me proposa
de m'attacher à lui. Je dois à la vérité d'avouer ici tout l'orgueil et
toute la faiblesse de mon âme. Si
nous avions eu des témoins, j'aurais
repoussé avec hauteur le meurtrier
de mes compagnons : mais nous
étions seuls; j'eus l'air de le croire
capable de quelque sentiment d'humanité. C'est une chose dont il faut
convenir avec soi-même, que le
degré jusqu'auquel on doit se laisser

---

* Il voulut me donner de l'argent.

tromper par les hommes, pour ne
leur point devenir trop odieux. Je
ne rejetai donc pas tout-à-fait ses
propositions. Je me condamne en
cet instant : mais il est facile de
penser et d'agir avec dignité, quand
l'aiguillon de la nécessité ne nous
pousse pas en des routes où l'on ne
peut marcher la tête haute. L'officier
nous quitta froidement, et bientôt
de nouveaux ordres nous ramenè-
rent dans notre première prison. La
prison nous parut un séjour de dé-
lices, après ces vingt-quatre heures
d'agonie. J'appris que le membre de
la commission avait été demander
à mes canonniers des renseignemens
sur mon compte; ils n'avaient rien
dit de contraire à ce que j'avançais

6.

sur mon âge. Comme ils assurèrent que j'avais passé par tous les grades subalternes, pour devenir leur capitaine, le militaire dont il est question, m'avait supposé assez d'intelligence pour être son aide-de-camp, ou son secrétaire.

Je ne fus pas faiblement étonné de trouver Saint-Alme dans cette même prison ; il y avait été mis pour avoir laissé échapper quelques prisonniers de l'hôpital, alors qu'il y commandait la garde. Pendant deux jours il arriva des autres prisons d'Auray et de Quiberon, des royalistes qui, pour différens motifs, avaient obtenu la grâce du sursis. Je ressentis une grande joie de revoir mes cama-

rades , et surtout de Rieux; mais
Rouhaut n'était point parmi eux. Cet
officier réunissait aux vertus qui
commandent l'estime de la société,
toutes les qualités qui en font le
charme. Quelque temps avant cette
fatale expédition , il avait épousé
madame de B. Il l'avait fait monter
sur son vaisseau; mais quel que fût
notre espoir, sa tendresse alarmée
ne lui permit pas de l'amener en
Bretagne : lorsque nous passâmes
près des côtes d'Angleterre, il la fit
conduire à Portsmouth. Ces deux
époux semblaient avoir le pressentiment d'une séparation éternelle :
leurs adieux furent déchirans.

Après notre défaite, Rouhaut, que

son amour attachait à la vie, se fit
passer pour étranger, par une fable
adroitement tissue. Il venait d'être
acquitté ; déjà ses compagnons mar-
chaient à la mort, lorsque, entrant
dans une chambre où se tenaient les
officiers républicains, il est reconnu
et dénoncé par un d'eux. Remis en
jugement, il se trouble, on le con-
fond, et ses juges l'envoient rejoindre les autres prisonniers dont le
supplice s'apprêtait. Ces infortunés,
dépouillés à-demi et rangés sur le
bord d'une fosse, voyaient leurs
meurtriers tirer sur eux à bout portant. Les soldats les recouvraient à
peine d'un peu de terre, sans achever toujours de leur donner la mort.
A Quiberon, m'a-t-on dit, ce mas-

sacre s'exécutait sous les fenêtres de
ceux qu'un pareil sort attendait. Les
malheureux! un père, un ami, ne
viendront point pleurer sur leurs
tombes ! Le pâtre y mènera ses troupeaux, et s'il sait qu'il y eut des
hommes dont il foule aux pieds la
cendre, il chargera leur mémoire
d'imprécations. * Il ne verra que
des Français dénaturés, dans ceux
qui venaient délivrer leur patrie.

---

* Il n'en a point été ainsi : je l'ai appris
dans le touchant récit de M. Humbert de
Sennaisons. Ce champ funeste est aujour-
d'hui l'objet d'une vénération particulière.
Un guerrier justement célèbre, M. le duc
de Dalmatie, a conçu l'honorable projet
d'élever un monument à ces victimes de la
fidélité.

Dès que ces affreux souvenirs eu-
rent fait place à des idées moins af-
fligeantes, nous cherchâmes à tromper la rigueur de notre sort , et
(l'avouerai-je) à nous en distraire.
Les habitans de la ville nous prodi-
guaient les soins les plus tendres et
les plus consolans. Trois fois par jour,
un grand nombre de femmes venaient au guichet de notre prison
nous porter ce que leurs mains
avaient préparé pour notre nourriture. Quand elles ne pouvaient nous
parler, des lettres, qu'elles nous
glissaient avec adresse, nous entre-
tenaient des craintes ou des espérances dont nous étions l'objet, des
nouvelles des Chouans ou de la flotte
anglaise.

Ce n'est pas sans répugnance que j'entre ici dans des détails peu inté-ressans et qui me sont personnels, mais ils sont nécessaires pour moti-ver ce qui m'est arrivé. Si je fusse resté inconnu au fond de ma prison, j'eusse péri sans doute comme tant d'infortunés compagnons ; mais sans prévoir le sort qui m'attendait, je cherchai à étendre mes rapports, et à étayer, du moins, de la bienveillance de quelques personnes, une existence qui tenait à si peu de chose. Quoique nous fussions entassés et dépourvus de tout, je trouvai le moyen de cul-tiver la peinture. Je fis des vues des environs, prises de nos fenêtres; je fis aussi les portraits du geôlier, de sa famille, des principaux Chouans

et de quelques habitans qui entraient
dans la prison pour se faire peindre.
Mes compagnons me nommèrent leur
président, et le commissaire des prisons me chargea des distributions.
J'avais fait offrir à sa femme deux pay-
sages. Lorsque ce commissaire me
rendit, de son propre mouvement,
tout ce que je lui avais confié, sa
femme, que je n'ai jamais vue, voulut garder la lettre assez gaie que j'ap-
pelais mon testament : elle montrait
pour mes malheurs plus d'intérêt
qu'ils n'en méritaient dans une telle
catastrophe. Bien que nous eussions
quelque argent, nous étions dépourvus de tout ce qui nous semblait si
nécessaire, deux mois auparavant;
mais il en coûte bien moins pour ap-

prendre à se passer de certaines choses, qu'il en coûte pour les acquérir.

Il n'y avait pas long-temps que j'étais prisonnier, et cependant j'éprouvai une grande joie en recevant la permission de passer un jour hors de la prison, pour aller dîner chez Lucie, l'amie d'Élise. Dans le printemps de la vie, un plaisir nous console d'un malheur, comme dans le printemps de l'année un rayon de soleil nous fait oublier un orage. Il me sembla que je sortais d'un long esclavage. Les soins de l'amitié me semblaient autant de bienfaits. Tout était nouveau pour mes yeux et pour mon esprit. Comme je n'avais pas vu

de ville ; en France, depuis près de
cinq ans, le changement me parut
grand. Les églises étaient dépouillées,
et les hommes vêtus de guenilles
bleues : il y avait des arbres morts
au milieu des places; et l'on voyait
enfin la liberté sur toutes les portes,
et l'esclavage dans toutes les mai-
sons.

Pour charmer l'ennui de nos soi-
rées, nous avions recours à tous les
moyens que le désir de plaire peut
inspirer aux gens du monde. Je fis
alors cette réflexion, que si la vertu
résiste au malheur, la frivolité lui
échappe.

La ville était alors commandée par
le président de la commission qui

m'avait jugé. Soit à la recomman-
dation des familles qui s'intéressaient
à mon sort, soit parce qu'il sentait
que je lui devais la vie, il me montrait quelque bienveillance, et me fit
sortir une ou deux fois avec lui,
pour me mener chez mes amis. Dans
le moment où mes liaisons commen-
çaient à se resserrer, une nouvelle imprévue me fit appréhender de les voir
se rompre. Le bruit s'était répandu,
vers le soir, que nous devions partir
le lendemain pour *Port-Libre*, cita-
delle très forte, où toute évasion
devenait impossible. Quelques rapports de situation avaient rapproché
de moi Valcour *, jeune homme de

---

* Je crois pouvoir dire, sans indiscré-

dix-sept ans, qui servait aussi dans
le régiment du brave princo de Ro-
han. Dans un âge si tendre, il montrait infiniment de courage, de sang-
froid et de prévoyance : ces qualités
étaient nécessaires. Il n'est pas aisé
de secourir un maladroit; si vous
lui présentez un appui, il s'y prend
comme dans un piége.

Mon camarade pria le geôlier de
nous laisser parler un moment chez
lui, pendant qu'il irait fermer les
chambres. Nous sentions que ce dé-

tion, que c'était M. Le Vicomte, neveu de
monseigneur l'archevéque d'Alby. Son frère
aîné venait de périr dans cette expédition.

placement nous perdait, et nous avi-
sâmes sur-le-champ de nous dire
malades au point de ne pouvoir faire
la route. Le geôlier, qui nous aimait,
entra dans nos vues, et fut chercher
le commissaire des prisons , déjà
couché. Quelque bien disposé qu'il
fût, je crus nécessaire de le tromper.
Je lui dis que mon indifférence pour
une vie si malheureuse m'ayant fait
négliger une indisposition assez grave, je me trouvais dans une égale
impossibilité de marcher, ou de supporter le mouvement d'une char-
rette. Valcour en dit autant, et varia
seulement sur la maladie. Le bon
commissaire se rendit aussitôt chez
le chirurgien-major de l'hôpital, et
le fit lever pour nous l'amener. Je

me donnai un mal qu'il était aussi
difficile de nier que de constater.
Encouragé par le commissaire, ou
convaincu de notre bonne foi, le
chirurgien nous donna très-obli-
geamment un long certificat, qui at-
testait l'impossibilité de nous dépla-
cer d'une manière quelconque. Munis
de cette pièce importante, nous ren-
trâmes à onze heures du soir pour
retrouver nos camarades, qui nous
croyaient déjà bien loin de la prison.

Dès la pointe du jour, chacun
avait son petit sac sur le dos. Les habitans venaient en foule demander
les matelas et les ustensiles qu'ils
avaient prêtés. Persuadé qu'on ne
donnerait pas un troisième certificat,

j'indiquai à de Rieux un moyen sûr pour rester à Auray comme nous.

Aussitôt que la maison fut vide, et que tout fut prêt, il arriva un contre-ordre, à notre grande satisfaction. Dès-lors nous reprîmes notre ancienne manière de vivre, et nous oubliâmes nos craintes. La gaîté et le genre d'idées des émigrés contrastaient singulièrement avec leur position. L'imagination est souvent le contre-poids des biens et des maux de cette vie, en nous faisant rêver les uns, tandis que nous éprouvons les autres.

Le prochain départ du commandant me tira bientôt de cette insou-

ciance. En songeant aux moyens de
remédier à ce départ, je crus en pouvoir tirer un grand parti. Dans cette
idée, la famille de Lucie invita ce
colonel à dîner avec Valcour et moi.
Là, nous employâmes sur son esprit tout ce que l'impatience du malheur peut inspirer de séduction et
d'adresse. Nous lui dîmes que, dans
le délâbrement où se trouvait notre
santé, nous allions périr d'une mort
plus affreuse que le supplice dont il
nous avait préservés, s'il ne nous
permettait de loger en ville, ou qu'il
ne nous fît point sortir de prison
d'une manière ou d'une autre. Je le
laissai s'en défendre par tous les motifs qu'il put imaginer, et dont le dernier fut : « Qu'il aurait fallu que no-

tre maladie fût légalement consta-
tée. » Je l'attendais là; mais il ne
s'attendait guère au certificat du chirurgien-major que nous produisîmes
aussitôt. Une famille éplorée lui dit
que la sévérité des lois et la fatalité
des circonstances ayant enchaîné son
humanité à l'égard de tant de malheureux, il fallait sauver du moins
les deux que le sort semblait lui dé-
signer ; on ajouta que nous resterions
dans la ville sous la responsabilité des
quatre principaux habitans, et on lui
fit sentir combien une telle manière
d'agir pouvait peu le compromettre,
dans un moment où il s'éloignait pour
long-temps : il s'attendrit, et céda.

On eut bientôt trouvé des répon-

dans, et l'on choisit un logement où
il fut convenu que nous nous ren-
drions le lendemain au soir. Nous
étions au comble de la joie : nos camarades la partagèrent, et par intérêt
pour nous, et dans l'espoir que ce
commencement de liberté nous per-
mettrait de les servir. Il ne nous restait à obtenir que le consentement
du commissaire, et nous croyions en
être assurés; cependant, soit qu'on
l'eût accusé de quelque partialité
pour nous, soit parce que nous ne
nous étions point adressés à lui, il
dit qu'il avait seul le droit de nous
faire sortir, et qu'il n'y consentirait
pas. Désolé de ce contre-temps, j'é-
crivis au commandant pour l'en informer, et je ne manquai pas de lui

faire sentir combien son autorité se trouvait compromise. Nous avertîmes aussi nos protectrices, et l'une d'elles vint bientôt nous dire que le commandant avait avisé, comme un moyen plus sûr pour nous et pour lui, de nous faire conduire à l'hôpital avant de nous établir dans la ville.

Le lendemain, en effet, un sergent vint nous chercher avec un ordre écrit de la main du commandant. Le geôlier parlait de sa responsabilité, et faisait mille difficultés. J'eus l'air de m'emporter beaucoup contre lui; mais tout en jurant, je lui glissai un louis d'or, et les difficultés furent aplanies. Nous arrivâmes à l'hôpital

avec un visage frais, à la vérité, mais
en boîtant de notre mieux, et nous
appuyant de toutes nos forces sur le
sergent. On nous donna deux lits
dans la salle des blessés, et nous nous
y jetâmes d'un air accablé.

Dès que nous fûmes seuls avec
les blessés, que nous supposâmes
être de bonnes gens, nous nous pro-
menâmes d'un air assez dégagé. Cependant les plaintes de ces malheureux, la tristesse du lieu, et je ne
sais quelle crainte de n'en plus sortir,
calmèrent la joie que nous avions
eue d'abord de nous y trouver. Un
bonheur dont nous jouissions ex-
clusivement, au milieu de tant d'infortunés, devait être mêlé d'amer-

tume. Par un sentiment qui est l'op-
posé de l'envie, celui qui peut l'ex-
citer souffre pour ceux qui pourraient la ressentir.

L'extrême déplaisance de ce lieu
n'effraya point nos bienfaitrices. Le
soir même, elles gagnèrent la sentinelle, et nous portèrent notre sou-
per, avec quelques livres. Jamais
leurs soins ne nous avaient paru plus
touchans, ni leurs consolations plus
douces. En leur voyant cette pureté
qui élève au-dessus des vaines bien-
séances du monde, cette tendre humanité qui guérit déjà les maux
qu'elle partage, et cette volonté per-
sévérante qui surmonte tous les obs-
tacles, elles nous semblaient des

anges descendus du ciel , pour sou-
lager notre infortune. Après avoir
tant parlé de ce que ces respectables
demoiselles ont fait pour nous deux,
je dois dire que leurs soins s'éten-
daient à beaucoup d'autres, et que
les circonstances seules nous ont mis
à portée d'en profiter davantage.
Qu'il était doux pour de pauvres
prisonniers de trouver des personnes assez généreuses pour s'intéres-
ser à leurs peines, assez adroites
pour les en distraire! Les malheureux
savent si bon gré à ceux qui peu-
vent les aimer! Leurs momens, leur
fortune, toute leur existence étaient
consacrés au soulagement de l'humanité souffrante. La moins jeune
n'avait pas vingt ans, mais comme

la maturité de leur esprit démentait
leur âge, notre confiance n'avait
pas besoin de compter leurs années.
Là où la prévoyance ne pouvait
plus nous éclairer, l'amitié pouvait
encore nous plaindre, nous encou-
rager; et nous trouvions dans cet
intérêt une force nouvelle. *

Aux approches de la nuit, Elise
et Lucie partirent, nous laissant
avec la douleur, le silence et l'obs-
curité. L'espérance seule nous sou-

---

* On désire, sûrement, savoir le nom de
ces excellentes personnes. Tous les Bre-
tons du Morbihan connaissent mesdemoi-
selles Vial, Béard et Lauzer.

tenait contre des impressions si af-
fligeantes. La faible lueur d'une
lampe qu'on vint allumer, ajoutait
encore à la tristesse de cette scène,
en nous montrant des êtres souf-
frans, à peine secourus. Bientôt
nous cessâmes de nous parler, mais
un affreux concert de plaintes et de
cris nous empêcha de nous livrer
au sommeil. Des malheureux dont
toute l'existence s'était écoulée entre la misère et le travail, la termi-
naient en des douleurs aiguës......,
Hélas! les hommes semblent placés
sur la terre, moins pour y jouir
de la vie, que pour y attendre la
mort!

Le jour suivant, le chirurgien du

régiment de ...., qui avait obtenu
d'exercer son art à l'hôpital , au lieu
de rester en prison , vint nous dire ,
comme une bonne nouvelle, qu'on
lui avait permis de nous faire *trans-
porter* dans une chambre séparée ,
au troisième étage. Comme nous
ne nous proposions pas de fixer notre demeure à l'hôpital , nous trouvâmes dans cette attention un air
d'établissement qui nous affligea.
Nous nous y rendîmes pourtant ;
les deux amies vinrent nous y voir ,
et nous exhortèrent à la patience :
le commandant, qu'elles sollicitaient
sans cesse , leur avait dit que ce délai
d'un jour était indispensable. Notre
chambre était dans un dortoir où il
y avait quelques infirmiers , et des

émigrés logés comme nous, mais vraiment malades.

Le lendemain , Elise vint de très-bonne heure , et nous dit avec un calme affecté : — Vos camarades de Vannes ont été fusillés hier : il ne vous reste d'autre ressource que la fuite. — Ces mots étaient un arrêt de mort , et un arrêt irrévocable pour des gens enfermés et gardés comme nous l'étions. — Il faut du courage, reprit-elle ; je vous en donnerai l'exemple. Il n'y a pas à balancer : demain , il ne sera plus temps. Réfléchissez sur le parti que vous pouvez prendre; je reviendrai dans deux heures me concerter avec vous. — Elle avait rencontré le comman-

dant qui lui avait dit, les larmes aux
yeux : — Je ne peux plus rien pour
vos amis! —

La mort, en me surprenant ainsi
dans un moment de calme et d'espoir, me parut plus déplaisante que
le jour où je l'attendais dans la chapelle des condamnés. Elise revint
bientôt avec une sœur de Valcour,
arrivée à l'instant, pour le voir et
pour adoucir sa détention. Ces infortunés ne s'étaient point vus depuis cinq ans, et leur première en-
trevue était un éternel adieu! Au
milieu de leurs embrassemens et de
leurs larmes, Elise me dit : — Jo-
seph, oublions leur douleur et sau-

vons-les ! Servez - vous , pour éviter
la mort, de cette force que vous met‑
tez à la mépriser. Le courage vaut
mieux que la résignation. Rendez ce
malheureux jeune homme à sa fa‑
mille, et songez à la vôtre ! —

Il ne restait point de temps pour
l'incertitude : Elise et moi, nous ar‑
rangeâmes , avec sang-froid, un plan
d'évasion, dont je lui fis prendre
une copie , afin qu'à tout événe‑
ment, les mesures du dehors cor‑
respondissent avec celles de l'inté‑
rieur. Selon nos conventions, la sœur
de Valcour, que peu de personnes
avaient vue, devait repartir en se‑
cret à l'heure même , pour sa sûreté

et pour celle d'Elise, chez qui elle était descendue. — Rendez-moi mon frère ! s'écria cette sœur éplorée ; achevez votre ouvrage, vous nous sauverez tous ! — Elise nous dit qu'elle reviendrait à quatre heures nous informer du succès de ses démarches.

Nous employâmes ce temps à mûrir et perfectionner notre projet. Je montai sous la charpente, je coupai des morceaux de latte, et nous les préparâmes de manière à pouvoir nous en servir, pour escalader un mur sans bruit, en les plaçant entre les pierres. Nous coupâmes aussi nos matelas, pour en faire des coussins que nous devions attacher sous nos pieds, afin de ne pas faire de bruit non plus en marchant, ni en franchissant la muraille.

Elise revint, et nous dit : « qu'on avait gagné la vieille femme à qui appartenait la maison située sous nos fenêtres, de l'autre côté des murs du jardin; que, s'il n'arrivait rien de nouveau jusqu'au soir, cette femme nous donnerait un signal à dix heures, en nous montrant un mouchoir blanc, et en faisant des cris de chouette; * qu'elle nous attendrait jusqu'à onze heures, nous

---

* Selon l'usage du pays, en ce temps-là.

conduirait à l'autre côté de l'enceinte
de la ville, et que nous y rentre-
rions par le jardin du chirurgien-
major. A force d'instances et de ca-
resses, Elise avait aussi séduit la
femme de ce particulier : nous devions trouver chez elle deux uni-
formes français, pour traverser la
ville, et pour nous rendre dans un
réduit secret, où nous aurions pu
nous cacher pendant quelques jours.
Comme mes souliers faisaient beaucoup de bruit quand je marchais, il
fut convenu qu'à huit heures, j'en-
verrais le chirurgien chez elle pour
en chercher d'autres, et qu'elle nous
écrirait encore par cette occasion.
Après ces détails, elle nous dit d'un
ton ferme, qu'elle comptait sur no-

tre courage pour éviter la mort, ou pour la subir.

Pour l'intelligence de ce qui suit, il est nécessaire de donner une idée du lieu. Il y avait, sous nos fenêtres, un jardin qui communiquait à la cour étroite par laquelle nous voulions nous sauver. En face du mur de ce jardin, s'élevait une galerie couverte. A l'extrémité de la cour, était un autre mur, qui la séparait de la campagne, et ce mur, à cause de l'inégalité du sol, avait à peu près douze pieds de haut en dehors, et huit en dedans : un tas de fumier qui, par bonheur, se trouvait là, réduisait à cinq pieds cette dernière hauteur. Une sentinelle était placée au milieu du jardin et devant la porte, pour voir ceux qui passaient dans la cour ou dans la galerie.

Notre crainte était de rencontrer quelqu'un, s'il était encore de bonne heure; ou de trouver quelque porte fermée, s'il était tard : dix heures nous parurent le moment le plus convenable pour éviter ces deux in-convéniens. A huit heures nous des-cendîmes chez le chirurgien, qui de-meurait au second étage. C'était une espèce de pédant verbeux et com-plimenteur, qui craignait prodigieu-sement la mort, quoiqu'il semblât avoir fait alliance avec elle. En raison d'un *O* qu'il avait mis devant son nom, il s'était fait passer pour Irlan-

dais ou Écossais; et, en cette qualité,
il allait être mis en liberté sous peu
de jours. Nous lui dîmes que nous
voulions nous évader dans la nuit,
parce que l'on devait nous fusiller le
lendemain matin, et nous le priâmes
de porter une lettre chez Élise. Ainsi
que l'animal, l'homme le plus stupide
a sa ruse avec laquelle il vous trompe,
ou pense vous tromper. « J'allais
chez vous, répondit celui-ci : le
chirurgien-major sait tout; c'est en
son nom que je me jette à vos pieds,
et vous conjure de ne point tenter
un projet, qui causerait sa perte et la
mienne. On vous a trompés d'abord,
et puis engagés à la démarche la plus
imprudente. Si la fausse nouvelle
qui vous y détermine vient à se réa-

liser, je vous donnerai des moyens plus sûrs.... Mes chers amis, nous en profiterons ensemble ! »

Le chirurgien - major qui refusait ainsi de nous servir, n'était pourtant pas un homme sans humanité ; mais, comme on le voit, l'excès de la cruauté révolte moins encore qu'il n'épouvante.

Valcour allait prouver au perfide que nous avions la certitude du sort qui nous attendait, lorsque je lui marchai sur le pied pour l'avertir de n'en rien faire. Il était clair que si nous ne nous fussions point rendus à ses prières, ou que nous l'eussions fait avec une précipitation qui pût lui rendre notre franchise suspecte,

il eût pris les mesures qu'on n'avait
pas manqué de lui prescrire, pour
empêcher notre fuite. Je défendis
donc mon avis avec opiniâtreté d'a-
bord , mais par des raisonnemens
assez mauvais pour qu'il pût les com-
battre avec avantage ; ensorte qu'au
bout d'un quart-d'heure il crut m'a-
voir parfaitement convaincu. Nous
le quittâmes alors ; et, comme il était
incommodé, il nous dit qu'il allait se
coucher. Je restai cependant sur l'escalier pour l'épier ; et s'il eût voulu
sortir, je le lui eusse défendu , avec
menace de le poignarder à l'instant ,
s'il faisait le moindre bruit ou la
moindre résistance.

Dès que je me fus assuré qu'il était

effectivement couché, je remontai
dans notre chambre, et nous ne son-
geâmes plus qu'à l'exécution de notre dessein. Ceux qui devaient répondre pour nous, n'étant point
connus encore, nous n'étions rete-
nus par aucun motif de délicatesse.
D'après la possibilité de rencontrer
quelqu'un, nous décidâmes que nous
serions habillés comme si nous sor-
tions du lit; que l'un des deux por-
terait un verre, pour aller chercher
de l'eau, et l'autre un flambeau,
comme pour aller chercher de la lumière.

Dix heures sonnent enfin : nous
entendions les cris de chouette ; et,
sans pouvoir distinguer le signal du

mouchoir, nous voyions quelqu'un
aller et venir dans le chemin. Nous
embrassant alors avec ce sentiment
fraternel que donne un commun péril, nous nous mettons en marche
sur la pointe du pied, et dans l'équi-
page que j'ai décrit. Nous ne ren-
contrâmes personne dans les dor-
toirs; mais au bas de l'escalier, une
sentinelle, placée dans un autre jardin
qui nous était inconnu, saisit son arme
en nous voyant passer. A quelques
pas de là, nous fûmes aperçus aussi
par l'autre sentinelle, qui fit le même
mouvement et marcha sur nous.
Notre coup étant manqué, nous re-
montâmes avec précipitation, dans
l'espoir qu'on ne saurait point qui
avait fait cette tentative.

Cependant, comme je regardais toujours par la croisée, sans me montrer, je vis relever la sentinelle, et l'on ne manqua pas de donner à celle qui succédait une longue consigne, en indiquant du doigt notre fenêtre. Je crus alors notre mort infaillible. Si je continuai d'agir, ce fut sans espérance, et comme un joueur qui achève une partie dont la perte est démontrée. En effet, la sentinelle, au lieu de se tenir dans le milieu du jardin comme auparavant, se plaça sur le seuil de la porte, en présentant la baïonnette. Les cris continuaient, et l'on paraissait se donner beaucoup de mouvement au dehors.

Comme nous approchions de

l'heure à laquelle on devait cesser de
nous attendre, et que la sentinelle
ne quittait point ce poste fatal, je crus
devoir tenter une autre voie pour
nous sauver. Ce que l'on aura peine
à croire, c'est que mon camarade
était profondément endormi quand
je voulus lui en faire part. Ce malheureux jeune homme, qui venait
de recevoir les adieux d'une sœur
tendrement aimée, succombait à la
fatigue de la douleur, en restant
inaccessible à la crainte. « Comme
c'est vous que la nature semble avoir
destiné à périr le dernier, » lui dis-
je, « c'est moi qui vais m'exposer,
sans espoir, pour nous sauver tous
deux : peu m'importe de vivre quelques heures de moins. » Et je lui

contai comment je me proposais d'aborder et de séduire le soldat qui se trouvait sur notre chemin. Je pris ensuite de l'or dans une de mes mains ; je tenais de l'autre un couteau à la d'Estaing , caché sous ma redingote. Ainsi préparé , je sors, et m'abandonne à la Providence.

Je ne sais par quel hasard, ou plutôt par quel heureux pressentiment, je regardai par une lucarne de l'escalier, en descendant ; mais je vis que le soldat avait quitté la porte, et s'était remis au milieu du jardin. Je revole à Valcour, je l'éveille encore, et nous·nous mettons en marche comme la première fois. Je m'arrête

pourtant au bas de l'escalier; tenant
Valcour par la main, j'avance la tête
avec précaution et dans l'ombre,
pour épier les mouvemens du premier factionnaire. Comme il se tour-
nait pour observer quelque autre
passage, une enjambée nous dérobe
à ses yeux.

Le plus difficile était de passer devant l'autre factionnaire, qui avait
vue sur nous dans un espace de six
ou huit pas. La réflexion est prompte
en pareil cas. Nous étions derrière un
mur de deux pieds de haut, je pen-
sai qu'en nous glissant sur les genoux, à la file l'un de l'autre, nous
ne pourrions être aperçus. Comme
notre vie tenait au silence, et le si-

lence à une extrême lenteur, nous
nous traînâmes ainsi pendant cinq
éternelles minutes. Déjà nous étions
dans la petite cour, et nous mar-
chions vers le tas de fumier, lorsqu'un énorme soulier de soldat tombe
de la poche de mon camarade. Aussitôt nous entendons un bruit d'armes : la sentinelle marche à nous ;
mais je prends la main de Valcour, et
le tire avec moi derrière un amas de
longues perches appuyées contre le
mur, à côté de la porte. Le factionnaire s'arrête sur le seuil ; il écoute...
s'il eût fait un pas de plus, nous étions
découverts et perdus. Comme il
n'entendait rien (nous ne respirions
pas), il revint à son poste au bout de
quelques minutes.

A l'instant nous marchons vers le mur, et nous cherchons à faire entrer nos morceaux de lattes : inutile précaution ! les pierres se trouvaient tellement jointes, qu'il fallut y renoncer. Nous subissons un instant le supplice de l'impuissance. Il fallait périr de soif dans le désert, ou faire jaillir du rocher l'onde tutélaire...... Je dis à Valcour de s'appuyer sur ses genoux et sur ses mains, pour me servir de marche-pied ; puis, m'élançant sur le mur, je m'y place de manière que mes deux pieds, inégalement élevés, lui servent d'échelle. Il monte, et nous nous précipitons ensemble. Deux voix de femme, venant de la haie, nous criaient : Courez vite ! Quoique je me fusse un peu blessé en tombant, nous courons à toutes jambes.

A cent pas de la ville, on crie derrière nous : Arrêtez! et nous redoublons de vitesse; mais reconnaissant une voix de femme, nous nous arrêtons enfin. Une vieille paysane nous atteint; et, nous serrant dans ses bras, nous embrasse comme ses enfans. Je compris que c'était elle qui nous avait donné le signal. Elle ne savait que le bas-breton; mais Élise, toujours prévoyante, lui avait appris ce seul mot ; *Arrêtez!*

Nous fûmes très-étonnés, lorsqu'au lieu de nous conduire vers la campagne, cette bonne femme nous

ramena du côté de la ville, et nous
faisant entrer dans une chaumière
voisine, nous y renferma dans l'obs-
curité la plus profonde. Cette con-
duite ne laissa pas de nous surprendre,
mais nous avons appris, depuis, que
la pauvre Bretonne avait eu la pru-
dence d'aller derrière le mur de
l'hôpital, pour écouter, et pour attendre que le bruit eût cessé.

Dans l'effusion de notre reconnaissance, nous rendîmes grâces à Dieu
du bonheur inouï de notre fuite :
nous restâmes long-temps embrassés,
autant pour les dangers que nous
avions courus ensemble, que pour
le secours dont nous avions été l'un
à l'autre. Au bout d'une heure, la

vieille revint, mais combien notre étonnement n'augmenta-t-il point, quand elle nous conduisit à une autre maison qui n'était qu'à cinquante pas de l'hôpital ! Elle avait porté une échelle, et nous fit monter au faîte d'un grenier, entre le foin et l'ardoise. Après nous avoir placés dans une espèce de niche pratiquée à l'extrémité du grenier, elle remit du foin devant l'endroit où nous avions passé. Il nous venait à l'esprit mille conjectures sur cette destination imprévue : notre sommeil fut très-léger. A la pointe du jour, la vieille parut, nous apportant des provisions, avec des lettres de Lucie et d'Élise. Ces amies généreuses nous témoignaient la joie la plus vive du

succès de leurs soins, et nous pré-
venaient qu'on viendrait nous chercher à neuf heures du soir, pour
nous conduire dans l'intérieur du
pays.

Nous entendions tout ce qui se
disait autour de nous, et surtout la
voix des paysans qui travaillaient
auprès de là. En voulant changer
de position, mon camarade ou moi
nous donnâmes un coup à la tête,
et plusieurs ardoises tombèrent avec
fracas. Heureusement elles ne tou-
chèrent personne, mais chacun se
tut, et regarda de notre côté pendant quelques momens. Cette maison
abandonnée était si vieille, que nous
n'osions faire aucun mouvement, de

peur que la chute d'une partie du
toit ne nous laissât exposés, nous et
notre nid, aux yeux de toute la ville.
Une large ouverture, sans porte, et
seulement élevée de douze pieds au·
dessus du chemin, servait d'entrée
au grenier. Dans la matinée, nous
entendîmes grimper, et nous nous
aperçûmes que c'était des enfans
qui volaient du foin. Comme on était
dans la canicule, nous souffrîmes
excessivement de la chaleur, que ce
foin et l'ardoise rendaient insuppor-
table, dans la gêne où nous étions.
Vers midi nous entendîmes passer
un détachement assez fort, que l'on
envoyait pour nous chercher : les
soldats paraissaient mécontens de
l'inutile fatigue qu'ils allaient essuyer.

« Il est bien temps de courir après eux! disaient-ils. Depuis hier au soir ils doivent avoir fait plus de dix lieues. Ils ont été retrouver *Pitre* » (M. Pitt.)

Les enfans revinrent encore dans l'après-dînée, et prirent une si grande quantité de foin que nous craignîmes de les voir arriver jusqu'à nous. A six heures, nous entendîmes un bruit de mousqueterie; c'était l'instant des exécutions. Nous fûmes saisis de l'horreur la plus profonde, en songeant que les compagnons de nos entreprises, de nos périls et de notre captivité, succombaient en ce moment sous les coups de leurs bourreaux. La privation du mouvement

et de la vue rendait cette horrible
image plus présente encore. Loin de
nous applaudir de notre fatale adresse, nous nous la reprochâmes en nous-
mêmes, et notre existence nous sembla presque un crime.

Telle était notre pensée quand Elise
parut; elle était seule et ne nous apprit
rien de satisfaisant. L'habitant d'Auray, qui avait d'abord consenti à nous
conduire , était tellement effrayé
qu'on ne pouvait plus compter sur
lui. Que de gens dont le courage est
une comédie qui finit aux approches
du danger! Notre amie nous assura
que, dans la journée du lendemain,
elle tâcherait de prendre d'autres
arrangemens pour nous tirer de cette

dangereuse retraite. Ce jour de plus
nous parut un siècle de douleur,
mais nous ne murmurâmes point d'un
contre-temps qui affligeait nos protectrices autant que nous. Une résignation stoïque était le seul pas que
nous puissions faire, pour approcher
d'une vertu si rare. Elise avait tra-
versé seule, et pendant la nuit, *
une ville remplie de soldats, et ne
s'était rendue près de nous, qu'après
avoir eu la précaution de faire un
long détour dans la campagne.

Le lendemain, à midi, une dame
que nous ne connaissions pas vint

---

* Il était dix heures du soir.

nous proposer divers expédiens pour
nous sauver, et finit par nous con-
seiller de rester encore *quelque temps*
dans le même asile. Accablés de la
fatigue d'une journée brûlante, nous
dormions profondément, lorsqu'au
milieu de la nuit nous entendîmes
du bruit près de nous. La voix
d'Elise dissipa bientôt notre inquiétude : « Venez, nous dit-elle, vos
guides vous attendent. » Nous étions
déjà transportés de reconnaissance,
mais combien n'augmenta-t-elle pas,
lorsqu'étant descendus nous ne trouvâmes d'autres guides qu'Elise elle-
même, avec une autre demoiselle
que nous avions vue quelquefois en
prison ! Elles nous dirent qu'elles
étaient venues une seconde fois la nuit

précédente ; après nous avoir appelé
inutilement, elles avaient pensé que
nous étions partis ; et, pressées de la
plus vive inquiétude , elles nous
avaient cherché pendant une partie
de la nuit, au milieu des postes républicains. La mère de la respectable
demoiselle qui accompagnait Elise,
instruite de notre situation pénible,
avait offert de nous recevoir dans
une maison de campagne qu'elle ha-
bitait avec ses filles.

La maison n'était éloignée d'Auray que d'une demi-lieue , mais
comme il y avait plusieurs postes
sur le chemin , nous fûmes obligés
de prendre un long détour. Une fois
seulement , nous aperçûmes plu-

sieurs hommes qui venaient à nous :
Valcour et moi nous nous enfonçons
dans un bois. Lorsque nous n'entendîmes plus rien , nous retournâmes
à la place où nous avions laissé nos
compagnes , mais en désespérant de
les y retrouver , et fort embarrassés
du parti que nous prendrions. Cependant ces courageuses personnes ,
ayant prévu notre embarras, étaient
restées au même lieu.

Nous passâmes la rivière d'Auray,
et après une heure et demie de
marche, nous arrivâmes sans acci-
dent à une jolie maison, placée au
bord de la rivière , sur le penchant
d'une colline. Nous étions attendus

par cinq ou six femmes, parmi les-
quelles, était l'amie d'Elise. Je fus
très-surpris en voyant l'une d'elles
s'élancer dans les bras de Valcour :
elle y resta presque évanouie de tendresse et de joie. C'était encore une
de ses sœurs, qui, n'ayant appris ni
le nouveau danger qu'il venait de
courir, ni sa fuite, était arrivée le
soir même. Une scène si touchante
nous arracha des larmes; mais isolé
pour long-temps, peut-être pour
toujours, un triste retour sur moi-
même succéda bientôt à cette émo-
tion si douce. Nous étions deux dans
mon cœur; mais j'étais seul au monde.

L'empressement et les soins de ces

bienfaisantes personnes ne me per-
mirent pas de longues réflexions :
dès le soir même, nous fûmes traités
comme des fils dont on aurait célébré
le retour, après une longue absence.
La religion et l'humanité, mobiles
d'un dévouement si généreux, se
cachaient sous les formes de l'affection, et nos bienfaitrices semblaient
regarder notre présence comme un
bienfait.

J'avais encore quelques dangers à
courir ; mais libre, désormais, les
chances que rien ne rattache à de
grands événemens ne méritent plus
l'attention de personne. Le dénoue-
ment de cette histoire ne pouvait

être que la conservation de ma vie,
et le pouvoir de braver ou de fuir
un joug détesté. *

---

* Ces faits sont rapportés sommairement
dans une notice biographique, que l'ingé-
nieux auteur des *Fragmens dans le genre de
Sterne* a placée dans un ouvrage fort cu-
rieux sur les Scaldes. Cet ouvrage, intitulé :
Saggio Istorico su gli Scaldi, est de M. de
Graberg, qui a bien voulu nous y donner
d'excellens conseils sur un poëme dont il
rend compte. La notice est d'un militaire
distingué, qui ne nous est connu que par sa
réputation et ses ouvrages.

APPENDICE.

APRÈS mon départ de la prison,
mes malheureux camarades, pleins
de confiance, et comme moi, bien
loin de prévoir le sort qui les attendait, s'occupèrent de me remplacer.
Ils élurent M. de Kéranraix, gentil-
homme breton. Pour donner à sa
réception un appareil de franc-ma-
çonnerie, ils se procurèrent un mar-
teau, une équerre, un ciseau. Le
récipiendaire, monté sur une es-
trade, ne manqua pas de prononcer
un discours dans lequel, après avoir
fait un court panégyrique de son

prédécesseur, et loué le bon ordre
qu'il maintenait dans la prison, il en-
gagea ses compagnons à lui montrer la même condescendance qu'ils
avaient eue pour moi. Ce fut pour
eux l'occasion d'une petite fête, s'il
en existe sous les verroux.

Cette joie ne devait pas être de
longue durée, car au même instant,
c'est-à-dire deux jours après mon
départ, on vint annoncer aux prisonniers leur arrêt de mort.

Quelques heures après, ils s'en-
gagèrent les uns les autres à mettre
sur une table tout l'or et les bijoux
qu'ils possédaient encore, et faisant
appeler le geôlier, ils lui dirent que
tout était à lui, s'il pouvait sauver

quelqu'un d'entre eux. — Jeannet
répondit : il est étonnant qu'aucun
de vous n'ait pu s'échapper d'ici,
soit par le secours des dames d'Auray, soit à l'aide des militaires, tandis que plusieurs de vos camarades
ont trouvé le moyen de sortir des
prisons de Vannes. Vous pourriez
vous cacher dans l'embrasure de
cette lucarne, ou dans quelque autre réduit de la prison : je ne vous
trahirai point ; mais il m'est impossible de vous aider : il y va de ma
tête, et je suis père de famille. —

Dans la vérité, cette prison n'offrait presque aucune place où l'on pût
se cacher. Vers le soir, cependant,
quelqu'un, à l'aide du ciseau, es-

saya de faire sauter les planches qui
masquaient les chevrons de la man-
sarde, et l'on y parvint aisément.
Le lecteur présume peut-être que
ces infortunés vont tirer au sort,
pour savoir lequel d'entr'eux doit
échapper au supplice : ce serait mal
connaître leur générosité. Tous, ils
voulaient mourir, et nul ne vou-
lait se sauver. Enfin, d'un commun
accord, ils choisirent M. de Villeneuve, l'un des plus jeunes de ceux
qui restaient. — Vos deux frères ont
péri dans cette expédition, lui dirent-ils ; vos parens ne doivent pas
rester sans consolation : c'est vous
qui nous survivrez ! —

On le plaça donc dans la cloison de

cette lucarne. Il avait le corps ren-
versé : un chevron soutenait ses
reins ; un autre pressait son front ;
un troisième ses pieds. Il fallait rester immobile, dans cette pénible attitude....

Ses compagnons furent tous ap-
pelés à la mort. Pour lui, les gen-
darmes le cherchèrent long-temps
et sans succès. Pendant plusieurs
heures, il resta seul dans la prison
déserte, mais il n'osait pas faire entendre sa voix.

La privation d'air et de nourriture, et la gêne horrible où il se
trouvait, allaient enfin le délivrer
d'une existence plus douloureuse
que la mort, quand le geôlier osa

venir à son secours. On ne put le cacher ailleurs que dans une étable à
cochons, qui donnait sur la cour,
et dont la porte n'avait point de
serrure. Pendant l'heure de la pro-
menade des militaires, le geôlier
avait toujours l'œil au guet, de peur
qu'il ne prît fantaisie à ces hommes
ennuiés d'entrer dans le toit.

Un jour, M. de Villeneuve enten-
dit l'un d'eux qui disait au geôlier : —
Combien de temps voulez-vous donc
garder votre cochon ? il nous gêne ;
faites-le sortir ; nous allons le tuer !
vous n'aurez pas la peine de payer,
vous dis-je, mon ami : je saurai
mieux que personne le prendre, le
lier, et *cœtera*. — Le geôlier les re-

poussait avec rudesse, et les mena-
çait de les renfermer à l'instant.

Dès que les arrangemens furent
pris pour le départ de M. de Villeneuve, Jeannet, et Audran, chef de
Chouans, le placèrent dans une huche à pétrir le pain, et vers le soir
ils se mirent en devoir d'emporter
cette huche, sous prétexte des ré-
parations dont elle avait besoin.
Quand ils furent arrivés devant la
porte de la prison, le dessous de la
caisse s'enfonça sous le poids, et M. de
Villeneuve tomba par terre. Les
deux hommes, posant à l'instant
leur fardeau, remédièrent à cet ac-
cident, en portant la huche sur deux
longues planches, qu'ils firent pas-

ser par-dessous. Dans la nuit même,
le jeune officier fut conduit au châ-
teau de madame de G....o. Cette
dame, aussi recommandable par ses
vertus que par son courage, le re-
cueillit et lui donna les moyens de
rejoindre la flotte.

~~~~~~~~~~~~~

M. d'Houaron, ancien officier de
Carabiniers, et depuis chef dans la
Vendée, fut condamné à mort dans
la presqu'île de Quiberon. Vers la
chute du jour, il allait subir son jugement avec ses compagnons d'infortune. Placé comme eux sur le
bord de leur commune tombe, il
rompt tout-à-coup ses liens, et fuit
avec la rapidité de l'éclair. Quelques

soldats le poursuivent : il jette derrière lui des pièces d'or, et tandis
que ces hommes avides les ramas-
sent, il se dérobe entièrement à leurs
yeux, en franchissant plusieurs de
ces murailles basses dont l'île entière
est traversée. Les soldats pensèrent
alors que les condamnés pourraient
se révolter contre le reste du détachement ; ils se hâtèrent de revenir
et de leur ôter la vie.

Quand cette horrible boucherie
fut terminée, la nuit se trouvait déjà
trop sombre, pour que l'on pût se
mettre à la recherche de l'officier
vendéen. Pour lui, couché derrière
une muraille, il resta d'abord immobile, mais comme il n'était pas

fort loin du hameau qu'il avait ha-
bité, il fut assez heureux pour le
regagner sans être vu. Il eut la pru-
dence de ne se point montrer aux
paysans qui, sans doute, logeaient
plusieurs soldats. Caché près de la
chaumière, il écoutait attentivement,
et ne savait à quoi se résoudre, quand
il vit sortir la fille de la maison. Il
n'hésita point à se faire connaître.
Dans toute la France, et surtout en
Bretagne, les femmes ont montré
un si héroïque dévouement, que
leur habit seul inspirait la confiance.

Cette jeune paysane montra la
joie la plus vive, en voyant un prisonnier sauvé. Aussi courageuse que
bien avisée, elle donna pour asile à

M. d'Houaron une place vide qui sé
trouvait dans un tas de foin. Pendant
un mois ou six semaines, elle lui porta
tout ce qui lui était nécessaire , et ne
fut jamais aperçue de ses parens :
elle n'avait point osé leur confier un
semblable secret.

On ne pouvait sortir de la près-
qu'île que par le fort , et la porte
était toujours bien gardée. La jeune paysane y fit cependant passer
M. d'Houaron avec des habits de
femme. Nous n'avons pas rencontré
depuis long-temps ce brave militaire ;
nous regrettons de savoir si impar-
faitement une aventure qui, mieux
racontée, serait susceptible du plus
grand intérêt. M. Auguste de la

Garde et M. de Fondenis doivent
aussi leur salut à beaucoup de présence d'esprit et de courage.

~~~~~~~~~~~~~~

Un de nos compagnons a couru
des chances bien plus extraordinai-
res. Il a subi son supplice ; et, laissé
pour mort, il a été couvert de terre.
Chaque jour, ou plutôt chaque nuit,
des paysans royalistes, conduits par
un zèle pieux, venaient achever ces
inhumations imparfaites. Comme ils
remplissaient ce triste devoir, en ré-
citant leurs prières, l'un d'eux aper-
çoit une main dont les doigts s'éten-
daient. Il pousse un cri d'effroi, et
tous ces bonnes gens tombent à genoux. Mais s'ils n'avaient pas le cou-

rage des esprits forts, ils avaient
celui des cœurs compâtissans. Ils em-
portèrent chez eux le pauvre mourant ; ils pansèrent ses profondes
blessures. Après six mois des soins les
plus tendres et les plus assidus, l'officier fut en état de quitter cette ca-
bane hospitalière. Il se rendit à Paris,
lors *de la pacification;* et le secré-
taire-général de la police, M. T.
d'H....., consulté sur la situation de
cet émigré, prononça qu'après avoir
subi son jugement, il ne devait plus
être poursuivi. Mais bien qu'il lui fût
permis de respirer l'air de sa patrie,
il mourut de ses profondes blessures.
Vingt ou trente officiers sauvés de
Quiberon, et parmi lesquels se trouvaient M. Boson de Périgord et M. de

Jumilhac *, ont été présentés au Roi
par M. le duc de Lévis, compagnon
de leurs périls, et qui a reçu dans le
premier combat une blessure grave.
Quelque jour, peut-être, M. de Lévis
voudra bien nous retracer, avec son
talent accoutumé, l'histoire de cette
malheureuse expédition. Déjà nous
devons à la plume ingénieuse et bril-
lante du chevalier de Pan... les aven-
tures de M. de Chaumareix; mais
bien peu d'exemplaires sont parve-
nus en France.

---

* M. de Jumilhac avait été blessé dans le
premier combat.

FIN.

DE L'IMPRIMERIE D'A. ÉGRON.

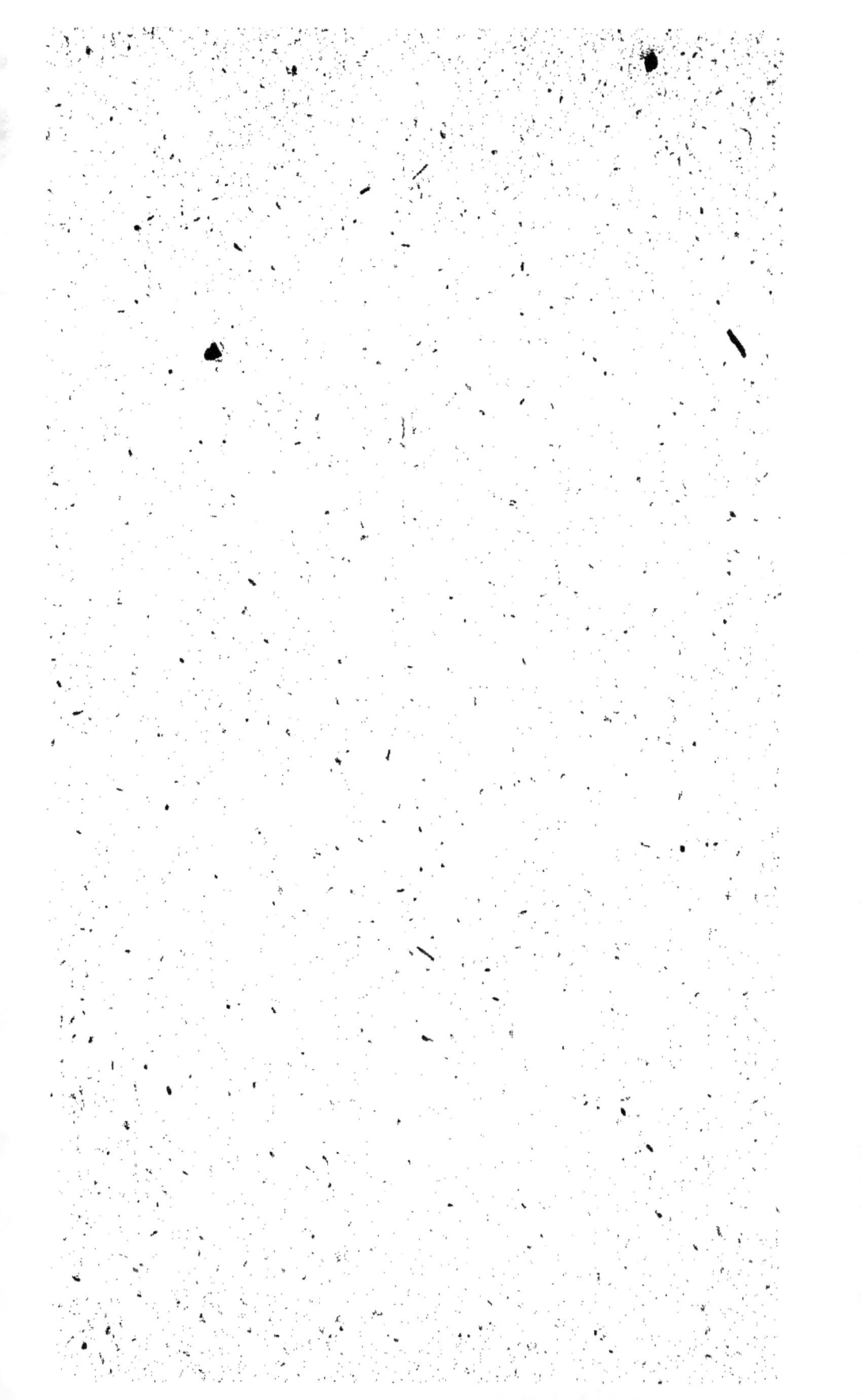

www.ingramcontent.com/pod-product-compliance
Lightning Source LLC
Chambersburg PA
CBHW071806090426
42737CB00012B/1977